BEI GRIN MACHT SICH IHR WISSEN BEZAHLT

- Wir veröffentlichen Ihre Hausarbeit, Bachelor- und Masterarbeit

- Ihr eigenes eBook und Buch - weltweit in allen wichtigen Shops

- Verdienen Sie an jedem Verkauf

Jetzt bei www.GRIN.com hochladen und kostenlos publizieren

Bibliografische Information der Deutschen Nationalbibliothek:

Die Deutsche Bibliothek verzeichnet diese Publikation in der Deutschen Nationalbibliografie; detaillierte bibliografische Daten sind im Internet über http://dnb.d-nb.de/ abrufbar.

Dieses Werk sowie alle darin enthaltenen einzelnen Beiträge und Abbildungen sind urheberrechtlich geschützt. Jede Verwertung, die nicht ausdrücklich vom Urheberrechtsschutz zugelassen ist, bedarf der vorherigen Zustimmung des Verlages. Das gilt insbesondere für Vervielfältigungen, Bearbeitungen, Übersetzungen, Mikroverfilmungen, Auswertungen durch Datenbanken und für die Einspeicherung und Verarbeitung in elektronische Systeme. Alle Rechte, auch die des auszugsweisen Nachdrucks, der fotomechanischen Wiedergabe (einschließlich Mikrokopie) sowie der Auswertung durch Datenbanken oder ähnliche Einrichtungen, vorbehalten.

Impressum:

Copyright © 2017 GRIN Verlag
Druck und Bindung: Books on Demand GmbH, Norderstedt Germany
ISBN: 9783668643857

Dieses Buch bei GRIN:

https://www.grin.com/document/413372

Anna Movsovic

Vertrauenskultur. Zwischen Ideal und gelebter Führung

GRIN Verlag

GRIN - Your knowledge has value

Der GRIN Verlag publiziert seit 1998 wissenschaftliche Arbeiten von Studenten, Hochschullehrern und anderen Akademikern als eBook und gedrucktes Buch. Die Verlagswebsite www.grin.com ist die ideale Plattform zur Veröffentlichung von Hausarbeiten, Abschlussarbeiten, wissenschaftlichen Aufsätzen, Dissertationen und Fachbüchern.

Besuchen Sie uns im Internet:

http://www.grin.com/

http://www.facebook.com/grincom

http://www.twitter.com/grin_com

Vertrauenskultur -
Zwischen Ideal und gelebter Führung

Autorin: Anna Movsovic
Modul: Führung von Mitarbeitern (PER 41)
Bearbeitungszeitraum: 24.01.17 – 21.03.17
Immatrikulationsnummer
Studiengang: International Business
Communication

Inhaltsverzeichnis

1. Einleitung
2. Vertrauenskultur im Unternehmen

    2.1 Voraussetzungen für Vertrauen im Betrieb

        2.1.1 Gemeinsame Ziele und Werte

        2.1.2 Mitarbeiterbeteiligung

        2.1.3 Kommunikation

        2.1.4 Krisenlösung

        2.1.5 Anerkennung der Mitarbeiter

    2.2 Gelungenes Beispiel der Vertrauenskultur

    2.3 Risiken und Chancen der Vertrauenskultur

    2.4 Gibt es eine ideale Vertrauenskultur?
3. Schlusswort
4. Literaturverzeichnis

1. Einleitung

Vertrauenskultur ist ein wichtiger Teil der Unternehmenskultur. Sie ist das Ergebnis des Lernprozesses im Umgang mit Problemen der externen Anpassung und der internen Integration; sie zeigt richtige Wege aus Krisensituationen und hilft, die gegenseitige Kommunikation zwischen der Führungskraft und den Teammitgliedern aufrechtzuerhalten. Vertrauenskultur ist Kombination von Chancen und Risiken, deswegen ist es für eine Führungskraft notwendig, den am besten geeigneten Delegierstil anzuwenden. Darauf setze ich besondere Akzente in meiner Arbeit und möchte damit beweisen, dass es sich lohnt, Vertrauenskultur im Unternehmen aufzubauen und mit der Zeit weiterzuentwickeln.

Das Ziel dieser Arbeit ist, Vertrauenskultur als wichtiger Bestandteil der Unternehmenskultur vorzustellen, Voraussetzungen dafür zu beschreiben, die Wege, die das Vertrauen im Unternehmen schaffen, zu zeigen, und vor allem die Frage zu beantworten, ob es eine ideale Vertrauenskultur gibt. Diese Arbeit soll auch verdeutlichen, welche Einflüsse Vertrauenskultur hat, wie sie die Zusammenarbeit erleichtert und für erfolgreiche Ergebnisse im Betrieb sorgt.

2. Vertrauenskultur im Unternehmen

Moderne Navigationskunst der Führungskräfte im Unternehmen basiert vor allem auf dem Vertrauen zwischen dem Chef und den Mitarbeitern. Vertrauenskultur im Unternehmen beginnt mit dem Chef selbst. Er muss den Anfang machen und seinen Mitarbeitern Vertrauen schenken. Aber zuerst einmal bekommt er selbst einen Vertrauensvorschuss von seinen Teammitgliedern. Natürlich ist dieses Vertrauen von beiden Seiten nicht unbegrenzt. Es wächst durch besseres Kennenlernen.[1] Wenn die Mitarbeiter so arbeiten, als befänden sie sich in unterschiedlichen Zeitzonen, dann müssen die guten Führungskräfte die Uhren in Gleichlauf bringen. Sonst können sich die Kollegen nicht aufeinander verlassen. Die Vertrauenskultur ist für erfolgreiches Arbeiten unerlässlich. Wenn Menschen sich an sinnvolle Regeln halten, dann bringt das mehr, als wenn jeder gegen jeden kämpft.[2]

---

[1] Vgl. Möller, G. (2015), S. 60
[2] Vgl. Möller, G. (2015), S. 174-175

Alle alten Tugenden wie Dominanz, Autorität und in geringen Teilen auch Aggression sollen sich nicht mit dem neuen Führungsverständnis mischen. In unserer neuen Denkweise gestaltet sich Führung zu einer viel differenzierteren und delikateren Einflussnahme als früher und erfordert Einfühlungsvermögen, Vertrauen, soziales Engagement, Beziehungsfähigkeit und Nachdenklichkeit.[3]

Die Rolle eines Managers ist gemäß der neuen Vertrauenskultur eher diejenige des Unterstützers und Prozessbegleiters, der dem Team hilft, effektiv zu kooperieren, um die Kundenerwartungen zu erfüllen. Weniger gefragt sind einseitige Vorgaben, unvermittelte Anweisungen oder fortlaufende Kontrollen. Stattdessen soll jeder Chef vorrangig auf ein kommunikatives und durch Vertrauen geprägtes Leitungsverfahren setzen. In der Vertrauenskultur steht das Miteinander im Vordergrund.[4]

2.1 Voraussetzungen für Vertrauen im Betrieb

Wenn ein tragfähiges und dauerhaftes Verhältnis zwischen der Führungskraft und den Mitarbeitern aufgebaut werden soll, müssen dafür seitens der Führungskraft entsprechende Voraussetzungen geschaffen werden:

1. Sich selbst erforschen und die eigenen Grundsätze im Unternehmen mit einbringen.
2. Eigene Wertstellungen und Zielsetzungen verdeutlichen.
3. Jede Gelegenheit zum Gespräch mit der Belegschaft wahrnehmen. Bei wichtigen Entscheidungen die Meinungen der Mitarbeiter erfragen und berücksichtigen.
4. Die Mitarbeiter für ihre guten Arbeitsleistungen vorbehaltslos loben, Fehlleistungen jedoch unbefangen rügen. Verständnis für Probleme zeigen, gerecht bleiben, peinliche Situationen für den Betreffenden vermeiden.
5. Anvertraute Informationen nicht weitergeben, Diskretion bewahren.
6. Eigene Gefühle und Befindlichkeiten zum Ausdruck bringen.
7. Kritik an der eigenen Person zulassen und sich mit ihr auseinandersetzen.
8. Bei ärgerlichen Vorkommnissen und Krisen fair bleiben und nicht verletzend werden.

---

[3] Vgl. Kohlmann-Scheerer, D. (1999), S. 50
[4] Vgl. Kunz, G. (2015), S. 18-19

9. Alle Stärken und Schwächen der Mitarbeiter identifizieren und detailliert daran arbeiten, jede Schwäche in eine Stärke verwandeln zu können.[5]

2.1.1 Gemeinsame Ziele und Werte

Jede Führungskraft, die unterschiedliche Menschen in einem Team führt, soll darauf achten, dass Aufgaben und individuelle Werte der Mitarbeiter zusammenpassen. Jeder Mensch hat seinen persönlichen Wertekompass, der seinem Chef bekannt sein sollte, wie z.B. Offenheit, Gerechtigkeit, Pünktlichkeit, Nachhaltigkeit, Ausdauer, Ordnung, Fleiß und andere; diese alle steuern unser Verhalten. Die Werte einer Führungskraft besitzen Vorbildfunktion, die dann für ein positives Klima und ein gegenseitiges Vertrauen sorgt.[6]

Jegliche Arbeit dient einem Ziel, das jeder Chef mit seinen Mitarbeitern erreichen möchte. Es soll eine gewisse Attraktivität für alle Beteiligten besitzen. Dazu ist es notwendig, ein Ziel so zu formulieren, dass es den Wunsch erweckt, Kräfte in die gewünschte Richtung zu mobilisieren. Sinnstiftende Ziele erhöhen das Engagement des Einzelnen, fördern die Loyalität gegenüber dem Vorgesetzten und führen zu Vertrauen zwischen der Führungskraft und den Mitarbeitern. Das Gefühl, etwas Besonderes zu leisten, wirkt als starker Antrieb. Gut ausgebildete und informierte Mitarbeiter sind aktiv, leistungswillig und verantwortungsfähig. Sie steuern ihre Arbeitsprozesse selbst.[7]

„Effektiv arbeitende Führungskräfte lassen arbeiten und dies möglichst selbstständig."[8] Wenn Mitarbeiter sicher sind, dass sie im Einzelnen etwas bewegen können, nehmen sie alle Anstrengungen in Kauf.

Die Vermittlung von Werten, Zielen und Relevanz führt zu Vertrauen und somit dazu, dass echte Führung überhaupt erst zustande kommt.[9]

---

[5] Vgl. Frenzel, R. (2000), S. 70-74
[6] Vgl. Von Kopp, D. (2014), S. 72-73
[7] Vgl. Kohlmann-Scheerer, D. (1999), S. 45
[8] Kunz, G. (2015), S. 50
[9] Vgl. Von Kopp, D. (2014), S. 80

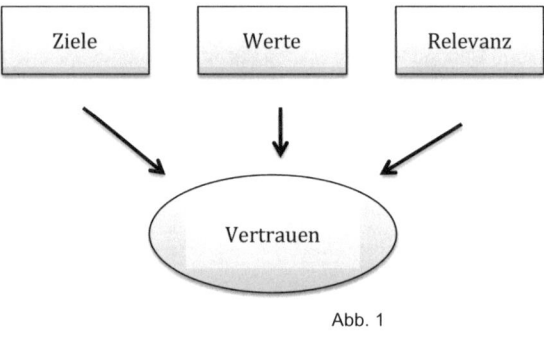

Abb. 1
Wege zum Vertrauen

Ein guter Teamleiter muss zu den Fähigkeiten seiner Mitarbeiter Vertrauen fassen können, weil es keine Einbahnstraße von Mitarbeitern zu Vorgesetzten ist. Soll einmal eine gegenseitige Vertrauensbasis entstehen, richtet sich der Fokus auf gemeinsames Handeln und die Erreichung gemeinsamer Ziele.[10]

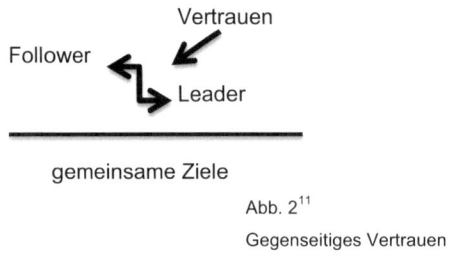

Abb. 2[11]
Gegenseitiges Vertrauen

2.1.2 Mitarbeiterbeteiligung

Eine gute Führungskraft soll ihre Mitarbeiter an der Ideenfindung und ihrer Verwirklichung beteiligen. Damit nutzt sie die Erfahrungen, Kenntnisse und das kreative

---
[10] Vgl. Von Kopp, D. (2014), S. 82-83
[11] Von Kopp, D. (2014), S. 83

Potential ihres Teams. Die Ideen werden zuerst gesammelt und dann ihre Vor- und Nachteile bewertet. Die letztendliche Entscheidung, wie das Ganze ablaufen soll, trifft der Chef, wobei allen Beteiligten durch den vorangegangenen Prozess der Ideenfindung und -bewertung klar ist, aus welchen Gründen er so entschieden hat. Durch die Beteiligung am Entscheidungs- bzw. Führungsprozess kann sich jeder Mitarbeiter im Gesamtprojekt wiederfinden. Da schon eine emotionale Bindung der Teammitglieder an das Projekt hergestellt ist, wird die Motivation höher, dieses Projekt zum erfolgen Abschluss zu bringen. Ein zusätzlicher positiver Effekt entsteht dadurch, dass das gemeinsame Erarbeiten des Projektes den Teamgeist der Arbeitsgruppe stärkt. Kein Mitarbeiter soll ausgegrenzt werden.[12]

2.1.3 Kommunikation
Damit ein Team sich weiterentwickelt und die Zusammenarbeit sich kontinuierlich verbessert, sollten die Teamleiter auf eine konstruktive Gruppenatmosphäre hinwirken. Dies kann durch verschiedene Kommunikationsmaßnahmen gelingen, wie z.B.

- regelmäßige Teambesprechungen zu organisieren (wichtig ist, dass nicht nur Fachthemen behandelt werden, sondern auch die Kommunikation untereinander näher beleuchtet wird.)
- alle Teammitglieder in einen gemeinschaftlichen Dialogprozess einzubeziehen (das kann in Form von Team- und Abteilungsbesprechungen oder unter Nutzung von modernen Kommunikationsmedien wie dem Internet sein).

Diese „kommunikative Leitwährung" ist besonders wichtig und effizient in Unternehmenskulturen. Eine eigenverantwortliche Teamarbeit und individuelle Leistungsbeträge sollen trotz starker Orientierung an der gemeinschaftlichen Teamproduktivität gefördert werden. Die Maßnahmen einer guten Führung laufen in drei Phasen ab:

Abb. 3.
Phasen der kommunikativen Zusammenarbeit

---
[12] Vgl. Frenzel, R. (2000), S. 60-62

Niemand im Team arbeitet für sich alleine, vielmehr sind alle auf die Kooperation und Kommunikation mit den anderen angewiesen.[13]

2.1.4 Krisenlösung

In einer Krise, die die ganze Mannschaft erschüttert, wie z.B. ein unerwarteter Umsatzeinbruch, soll der Chef die Zügel fest in der Hand halten. Seine Mitarbeiter erwarten von ihm, dass er „auf der Brücke am Steuerrad steht", für Ruhe sorgt und keine Zweifel daran lässt, dass er weiß, was zu tun ist, sogar, wenn er möglicherweise selbst verunsichert ist. Wenn ein „Wirbelsturm" da ist, soll der gute Chef seinem Team reinen Wein einschenken und die Situation der Belegschaft schildern, wie sie ist, ohne Angst und Schrecken zu verbreiten. Es ist besser, den Ernst der Lage zu erkennen und die Mannschaft zu mobilisieren. Der Chef lässt alte Pläne ruhen, grübelt nicht lange nach möglichen Schäden, konzentriert sich auf neue Absichten und versichert seinem Team, dass jede Krise auch wieder vorbeigeht.[14]

Die Mitarbeiter dürfen keine Angst vor negativen Sanktionen haben. Wenn plötzlich Barrieren auftauchen, sind Schuldzuweisungen kontraproduktiv. Nach einem intensiven Schlagabtausch sollte wieder zum sachlichen Diskurs zurückgekehrt werden.

Der Schlüssel zur Konfliktlösung liegt nicht darin, nach dem „Warum?" zu fragen, sondern nach „Wie erreichen wir das Ziel?" oder „Wie vermeide ich Konflikte?"[15]

Ein Teamleiter soll sofort eingreifen und sagen, „wo es langgeht". Seine Aufgabe ist es, neue Maßnahmen auszuprobieren, Mut zu fassen und den Kurs zu verändern. Diese Fehlerkultur macht den Weg für neue Entwicklungspotenziale frei.[16]

Bei der Konfliktlösung erbringt sachliche Kritik oft herausragende Ergebnisse. Ein guter Manager soll nicht nur Kritik ausüben, sondern auch Kritikbrücken aufbauen. Alle Brücken enden mit offenen Fragen, die einen guten Einstieg in einen Dialog herbeiführen. Dieses Gespräch zeigt dann nicht nur den falschen Weg auf, sondern entwickelt neue Konzepte und dafür notwendige Ressourcen, die sparsam und wirksam einzusetzen sind.[17]

---

[13] Vgl. Kunz, G. (2015), S. 17
[14] Vgl. Möller, G. (2015), S. 221-222
[15] Vgl. Kunz, G. (2015), S. 13-14
[16] Vgl. Kohlmann-Scheerer, D. (1999), S. 47
[17] Vgl. Kohlmann-Scheerer, D. (1999), S. 45

2.1.5 Anerkennung der Mitarbeiter

Eine offene Vertrauenskultur fördert die Anerkennung der Mitarbeiter für gute Arbeitsergebnisse. Deswegen sollen motivierte, kompetente und leistungsbringende Mitarbeiter von ihrem Chef unauffällig, aber immer wieder gelobt werden. Wenn nur gelobt wird, um ein gutes Klima zu schaffen, ist die Anerkennung der Mitarbeiter nichts wert.

Neben der bestehenden Gehaltsstruktur, die zum Teil überbetrieblich durch Tarifverträge geregelt und damit nicht verhandelbar ist, hat sich in den letzten Jahren in vielen Arbeitsbereichen ein Trend zur Prämienvergabe, z.b. dem Urlaubs- und Weihnachtsgeld oder den zusätzlichen Urlaubstagen entwickelt. Materielle Anreize optimieren den Einsatz der Arbeitskräfte, motivieren sie und dienen als fairer Ausgleich zwischen Arbeitnehmer- und Arbeitgeberinteressen.[18]

Die Übernahme von Sonderaufgaben kann als Leistungserfolg im Team angesehen werden.

Die Flexibilisierung der Arbeitszeiten ist auch ein Zeichen der Anerkennung des Vertrauens durch das Unternehmen und kann sich auch produktiv auf das ganze Team auswirken. Technische Hilfestellungen seitens der Firma wie Handy, Laptop, Dienstauto erleichtern die Arbeit und erhöhen die Effizienz der Arbeitsorganisation.[19]

2.2 Gelungenes Beispiel der Vertrauenskultur

Joe ist Werkstattleiter eines Zulieferers für Automobilteile. Er bekommt einen Auszubildenden in sein Team. Sofort weist Joe ihn einem vertrauenswürdigen Kollegen zu, von dem er weiß, dass er über gute Fachkenntnisse und pädagogische Fähigkeiten verfügt. Der erfahrene Kollege hat schon mehrere Auszubildende betreut und weiß, wie wichtig eine positive persönliche Beziehung ist, um möglichst angstfreies Lernen zu ermöglichen. Zunächst erklärt er ihm alle Abläufe, gibt genaue Anweisungen und überwacht ausgeführte Handlungen. Bei leichteren Aufgaben fördert er schon selbstständiges Arbeiten, bei schwierigen Aufgaben gibt er Hilfestellung. Basierend auf dem Kenntnisstand des Auszubildenden und dessen individueller Lernbereitschaft stimmt er die Schwierigkeiten der Aufgaben ab. Als er bemerkt, dass der Auszubildende rasch lernt, beteiligt er ihn zunehmend an schwierigeren Aufgaben. Ein wenig später

---
[18] Vgl. Möller, G. (2015), S. 159-160
[19] Vgl. Douma, E. (2010), S. 102-104

lässt er den neuen Mitarbeiter an Entscheidungen teilhaben. Nach erfolgreichem Beenden der Ausbildung und Übernahme durch den Betrieb überträgt der Vorgesetzte ihm Verantwortung für bestimmte Aufgaben. Der erfahrene, selbstständig arbeitende und in die Vertrauenskultur eingebundene Mitarbeiter erhält noch mehr Handlungsfreiheit und überzeugt seinen Vorgesetzten von der Richtigkeit seiner Entscheidung, ihm Vertrauen zu schenken.[20]

2.3 Risiken und Chancen der Vertrauenskultur

Die wesentlichen Bausteine der Vertrauenskultur liegen unter der Oberfläche und verbergen manchmal Risiken, die sich oft zu Routinen entwickeln. Wenn z.B. Ziele in der vereinbarten Zeit nicht zu erreichen sind, setzen sich viele Mitarbeiter unter Druck. Manchmal müssen sie sogar Überstunden machen, danach fühlen sie sich überlastet. Und falls die Überstunden noch dazu nicht bezahlt werden, fühlen sie sich unterschätzt oder sogar ausgebeutet. Ständige Kontrollen und Überwachungen durch den Chef können auch ein Hindernis auf dem Vertrauensweg sein. Vertrauen minimiert opportunistisches Verhalten im Gegensatz zu Kontrollen und Überwachungen.[21]

Andererseits öffnet die Vertrauenskultur neue Horizonte. Klare Regeln im Unternehmen räumen die Sorgen der Mitarbeiter aus dem Weg, z.B. gewähren geregelte Arbeitszeiten mehr private Arbeitszeiten. Wenn sich diese Arbeitszeit auch noch dem individuellen Rhythmus besser anpassen, lassen sich Familie und Beruf nahezu besser vereinbaren und das steigert die Leistung.

Klare und offene Kommunikation, wenn nichts über die Köpfe der Belegschaft hinweg entschieden, sondern gemeinsam erarbeitet wird, hilft der gemeinsamen Entwicklung.[22]

2.4 Gibt es eine ideale Vertrauenskultur?

Ideale Vertrauenskultur im Unternehmen ist eher ein romantisches Wunschbild als eine realistische Erwartung an sich selbst und andere Menschen. Gewünscht ist lediglich ein deutlich höherer Grad an Vertrauenskultur als er bisher erreicht ist.

Ein hoher Grad an gegenseitigem Vertrauen ist ein sinnvolles, anstrebenswertes und vor allem erreichbares Ziel, in das es sich lohnt zu investieren. Absolutes Vertrauen ist

---

[20] Vgl. Möller, G. (2015), S. 34
[21] Vgl. Frenzel, r. (2000), S. 49-51
[22] Vgl. Von Kopp, d. (2014), S. 53

hingegen eine Fiktion, die mehr Schaden als Nutzen anrichtet. Es wäre fatal, auf den Mythos vom idealen und absoluten Vertrauen hereinzufallen und auf Kontrollen ganz zu verzichten. Gerade hier ist kein blindes, sondern ein lösungsorientiertes Vertrauen angesagt.[23]

Vertrauen muss wachsen und jeder Versuch, dieses Wachstum gewaltsam zu beschleunigen, bewirkt genau das Gegenteil, nämlich eine Blockade. Erzwungenes Vertrauen gibt es nun einmal nicht. Der Weg zu einer Vertrauenskultur ist lang und mühsam. Wirkliches Vertrauen entsteht nur unter Belastung. Viele Führungskräfte meinen, eine vertrauensvolle und offene Beziehung zu ihren Mitarbeitern zu haben, weil sie zugänglich sind und einen lockeren, kollegialen Umgang miteinander pflegen. Doch in kritischen Situationen erweist sich das vermeintlich vertrauensvolle Verhältnis als wenig belastbar. Dies nennt man Vertrautheit, es ist aber kein wirkliches Vertrauen, welches am ehesten dann entsteht, wenn man schon einige schwierige Situationen gemeinsam erfolgreich bewältigt hat.[24]

Wirkliches Vertrauen basiert nicht nur auf gegenseitiger Sympathie, sondern auch auf der Entwicklung einer Bindung für das Erreichen der gemeinsamen Ziele. Vertrauenskultur im Unternehmen ist ein kollektives Phänomen, in dem Vertrauensnehmende und Vertrauensgebende ihr gemeinsames Wohlbefinden berücksichtigen und ein kooperatives Arbeitsverhältnis pflegen. Mitarbeitervertrauen zu gewinnen ist nicht leicht, Mitarbeitervertrauen zurückzugewinnen ist fast unmöglich.[25]

3. Schlusswort

Vertrauenskultur im Unternehmen soll nicht unbedingt ideal, sondern auf Dauer immer wirksamer werden. Sie verschafft der Führungskraft den Blick auf das Ganze zu haben, den Arbeitsprozess auf eine solche Weise zu organisieren, dass die Mitarbeiter ergebnisorientiert und selbstständig arbeiten können. Der Chef konzentriert sich auf das Wesentliche, nimmt die Stärken seiner Mitarbeiter wahr und fördert sie zum Wohl des gemeinsamen Ziels. Obwohl Vertrauenskultur parallel zu den Chancen bestimmte Risiken verbirgt, soll sie in jedem Unternehmen unbedingt aufgebaut und entwickelt werden.

---

[23] Vgl. Kohlmann-Scheerer, D. (1999), S. 37
[24] Vgl. Frenzel, R. (2000), S. 42
[25] Vgl. Douma, E. (2010). S. 32-33

In dem Betrieb, für den ich seit zwei Jahren tätig bin, lässt der Chef alle Mitarbeiter selbständig arbeiten und eigene Visionen umsetzen. Er ist ein guter Manager, für ihn zählt nur das Ergebnis der Arbeit. Er analysiert alle unsere Fehler, um vorbeugende Maßnahmen zu veranlassen, und wir lernen aus eigenen Fehlern. Seine unkonventionelle Denkhaltung und neuartige Herangehensweise gewähren vertrauensvolle und gleichberechtigte Beziehung der Kollegen untereinander.

Eine umfassende Behandlung dieses Themas würde den Rahmen der vorliegenden Arbeit sprengen. Aber ich würde gerne das Thema der Vertrauenskultur in der Realität weiter erkunden und darauf achten, wie sie in unserem Unternehmen funktioniert.

4. Literaturverzeichnis

- Douna, E. (2010): Mitarbeiterführung. Crashkurs, Berlin
- Frenzel, R. (2000): Das erste mal Chef, Planegg
- Kohlmann-Scheerer, D. (1999): Gestern Kollege – heute Vorgesetzter, Niederhausen
- Kunz, G. (2015): So führe ich mein Team, München
- Möller, G. (2015): Auf Kurs bringen, Weinheim
- Von Kopp, D. (2014): Führungskraft – und was jetzt? Heidelberg